UN MOT

SUR

LA GUERRE DES TURCS,

Et sur ses résultats, relativement au commerce et à la prospérité de la République française.

Barbarus has segetes !

PAR CH. HOUEL, ancien directeur de l'imprimerie française à Constantinople.

A PARIS,

Chez MAGIMEL, libraire, quai des Augustins, près le Pont-Neuf.

AN VII.

UN MOT
SUR LA GUERRE
DES TURCS.

La Porte ottomane vient de déclarer la guerre à la République française. La conduite du gouvernement français a-t-elle motivé cette agression? La guerre avec la Turquie est-elle dangereuse pour nous? Telles sont les questions que j'ai entendu discuter souvent avec plus de chaleur que de bonne foi, avec plus de préjugés que de connaissances réelles.

L'irruption des Turcs et leurs conquêtes en Europe ont laissé chez les autres nations des traces si profondes de terreur, qu'on les redoute encore par habitude, qu'on les craint par préjugé. Les gouvernemens ont, il est vrai, acquis des renseignemens plus exacts sur la puissance ottomane; mais outre que les intérêts des divers agens des nations européennes, leurs différentes manières de

A

voir ont donné à ces renseignemens un ca-
ractère d'instabilité qui les rend contradic-
toires, il est presque impossible de se former
une idée de la position du Lèvant relativement à la guerre, au commerce et à la civilisation dans les voyageurs, qui, presque
tous, ont pris des observations de détail
pour des résultats généraux, des faits isolés
pour des preuves évidentes, des opinions
particulières pour des principes avoués.

Un voyage fait par ordre du Gouvernement et dont le but était de contribuer à la
civilisation des Turcs, des relations intimes
avec les militaires chargés de hâter leurs
progrès, deux ans passés dans la société
intime du respectable citoyen Ruffin, dont
les lumières ont mûri mes idées et rectifié
mes erreurs, l'insuccès même de ma mission
qui m'a fait connaître la foiblesse et les préjugés des Turcs, tout me fait croire que les
renseignemens que j'ai obtenus sont exacts :
les circonstances peuvent les rendre utiles,
je ne dis pas au Gouvernement qui a trouvé
dans les talens des militaires distingués qu'il
a envoyés dans le Levant, dans les rapports
des diplomates éclairés, toutes les lumières
dont il pouvait avoir besoin ; mais aux

hommes sincèrement attachés à leur patrie et qui s'intéressent à ses succès.

En un mot, montrer les Turcs tels qu'ils sont, faire voir qu'ils n'ont été jusqu'ici que des amis peu solides, des alliés inutiles, des protégés ingrats ; démontrer jusqu'à l'évidence qu'ils vont être des ennemis peu dangereux, qu'ils seront eux-mêmes la victime d'un plan tracé par leurs ennemis et adopté par la malveillance ou l'ignorance, tel est mon but en publiant des notes qui auraient exigé de plus grands développemens et une rédaction plus soignée, s'il n'était aisé de juger qu'elles ne sont que l'extrait d'un ouvrage plus volumineux, dont la très-probable expulsion des Turcs de l'Europe rendra sans doute la publication inutile. Je me borne maintenant à ces deux questions : Les Turcs ont-ils été des amis solides ? Seront-ils des ennemis dangereux ?

§. I. *Les Turcs ont-ils été des amis sincères, des alliés utiles ?*

Soutenir un gouvernement dont la nullité nous convenait, dont l'ignorance donnait un débouché favorable à nos manufactures et une grande activité à notre navigation marchande, garantir les négocians français des avanies des agens du gouvernement turc ; ou en demander la réparation ; telles ont toujours été les fonctions de l'ambassadeur de France près la Porte.

Avant la révolution, les efforts du gouvernement français pour la civilisation des Turcs s'étaient bornés à leur donner des idées de réformes militaires et d'organisation sociale. La mission du baron de Tott, et de quelques autres hommes d'un mérite distingué, n'avait pour but que de les mettre en état de se défendre contre leurs ennemis naturels, les Russes ; il semblait même qu'on craignît d'aller trop loin à cet égard.

Au moment où le peuple français change la forme de son gouvernement, la despotique anarchie turque se tient dans un silence d'observation auquel sa nullité sert d'excuse. A un ambassadeur, peu estimé de tous les partis, succède un envoyé, ami de l'ordre et de la liberté (1); il ne peut obtenir d'être reconnu ; son influence suit les variations de nos premières campagnes; la reprise de Toulon nous rend, auprès de la

____

(1) Le citoyen Descorches.

Porte, l'influence et la considération que nous avait fait perdre son envahissement par les Anglais. En vain réclame-t-on, après la paix avec la Toscane, l'exécution de la promesse faite par le divan de reconnaître la République française, aussitôt qu'elle aura été reconnue par quelque puissance européenne; il faut attendre qu'un gouvernement plus influent ait donné un exemple que la Turquie osera à peine suivre.

Cependant un de nos plus habiles constructeurs travaille sans relâche, et avec autant de zèle que de talens, à leur créer une marine. Déjà plusieurs vaisseaux ont été lancés à la mer. La République française, grande dès sa naissance, semble ignorer qu'elle tend la main à un allié inutile, à un ami peu solide; elle prend, aux progrès des Turcs dans l'art militaire, un tel intérêt, qu'elle oublie ses propres dangers. Des officiers distingués, de toutes les armes, des ouvriers habiles dans tous les genres, sont chargés par le gouvernement français de hâter leurs progrès, et de régulariser leurs efforts. L'Europe retentit de l'empressement des Français à cet égard. Il est tel, qu'on dirait le sort de la France attaché à celui, je ne dis pas de la Turquie, mais même de la Porte Ottomane.

Voyons maintenant, et aussi sommairement, comment la Porte a reconnu ce zèle, comment elle a profité de cette bienveillance, ce qu'elle a fait pour sa bienfaisante alliée.

Spectatrice oisive d'une guerre dans laquelle nous avons soutenu le choc de l'Europe, elle a pendant cinq ans semblé avoir oublié ses anciennes liaisons avec la France. Sa faiblesse, je le veux, ne lui permettait pas une autre conduite. A-t-elle au moins favorisé notre commerce, facilité nos approvisionnemens, protégé nos comptoirs? Non. Elle a laissé prendre un convoi et combattre une frégate française, qui a été obligée de se rendre, à l'ancre et sous le pavillon ottoman (1); elle n'a jamais insisté efficacement auprès du gouvernement anglais pour la réparation de cet outrage. Dgézar-Pacha, aujourd'hui généralissime des armées ottomanes contre Buonaparte, n'a-t-il pas chassé de Saint-Jean-d'Acre, le

____

(1) *La Sensible* fut attaquée et prise dans le port même de Miconi.

consul et les négocians français , sans que la Porte nous ait vengés de l'insulte et de l'infraction faite aux traités par un de ses agens ? (1)

Nos négocians en Egypte , ont été depuis dix ans exposés aux avanies les plus révoltantes. La Porte s'est toujours excusée sur la révolte des beys ; elle s'est toujours déclarée trop faible pour venger nos injures , que cependant elle affectait de regarder comme faites à elle - même. Un commissaire français , le citoyen Tainville , fut chargé en l'an III, d'aller en Syrie et en Egypte, porter les plaintes du gouvernement français. Il partit de Constantinople , muni des firmans les plus précis; les ren-

____

(1) Ce pacha, plus cruel que Néron , n'avait aucun sujet de plainte contre les Français; il trouvait seulement mauvais qu'ils fissent un commerce qu'il voulait faire exclusivement. Il les invita à venir le voir, les combla d'honneurs, les assura publiquement qu'il les voyait avec grand plaisir en Syrie ; et en sortant il leur dit entre ses dents, que s'ils n'étaient pas sortis sous 24 heures de son gouvernement , il les ferait tous étrangler. Plusieurs traits de ce pacha ôtèrent aux Français l'envie d'attendre l'effet de sa menace.

seignemens qu'il prit en route , lui firent croire prudent de ne pas passer en Syrie , où Dgézar l'aurait peut-être accueilli comme il faisait les envoyés du grand seigneur lui-même. Il alla donc seulement à Alexandrie et au Caire , où il n'obtint que de vaines promesses qu'on oublia dès qu'il fut parti.

On me dira peut-être que la Porte ne pouvait en effet rien contre la plupart des pachas, tous en révolte plus ou moins ouverte contre elle. Cette assertion prouverait que l'expédition d'Egypte, cause ou prétexte de la guerre actuelle (1), n'était vraiment dirigée que contre les ennemis du gouvernement ottoman. J'aurai occasion de revenir sur cet article , et de le démontrer jusqu'à l'évidence ; il s'agit ici de la manière dont les bienfaits de la France ont été reçus , et de l'accueil fait aux Français dans les états du grand seigneur. A Constantinople même , les militaires distingués qui s'étaient consacrés à l'instruction des milices turques , étaient abreuvés de dé-

_____

(1) Je dis *cause* ou *prétexte*, car l'or de la Russie et le combat de Nelson ont été les vraies causes.

goûts, entravés, contrariés dans leurs opé-
rations, mal payés, et souvent obligés de
disputer, pour ainsi dire, de honteux à-
comptes sur leurs indemnités. (1)

On m'accusera peut-être de citer des faits
particuliers ? veut-on des griefs publics ;
Notre frégate, *la Justice*, est démâtée par
un coup de vent dans l'Archipel ; le gouvernement turc promet des agrès, indique
différens chantiers de la mer de Marmara ;
cette frégate les parcourt, les trouve vides,
et est enfin obligée de venir à Constantinople, où, après de vaines promesses, on
finit par assurer qu'il n'y a pas dans l'ar-
senal de la marine ottomane de quoi la
rémâter, et il faut se procurer, dans le commerce, des mâts et des agrès, au sein même
de la capitale de l'Empire Ottoman.

Je n'entrerai pas dans d'autres détails,
je ne citerai pas d'autres faits ; mais j'atteste
que je pourrais en fournir un grand nombre,

---

(1) J'ai vu l'interprète d'un chef de brigade du
génie lui rapporter en à-compte de huit mois d'ap-
pointemens un cornet de paras, monnoie qui res-
semble presque aux centimes, et vaut environ un
sou.

qui tous prouveraient combien peu les Turcs ont senti ce que nous faisions pour eux. Si la Porte a quelquefois semblé se relâcher pour nous de l'étiquette barbare qu'elle a conservée, elle a toujours accompagné cette faveur de quelque restriction mortifiante. Aubert-Dubayet obtient que les Français qui doivent l'accompagner à l'audience du grand seigneur seront libres, et non tenus par les épaules par deux capidgis. Pour compenser une aussi grande faveur, on n'admet que quatre Français avec l'ambassadeur dans la salle du trône, tandis que, d'après l'usage, il devait en entrer quatorze. Le même ambassadeur demande à ne pas marcher à la gauche du *Tchaoux - Bachi* dans une cérémonie ; on lui accorde sa demande ; mais le Tchaoux-Bachi ne se trouve point à la cérémonie.

En vain dirait-on qu'ils ont souffert la cocarde, lorsqu'elle était proscrite dans tous les pays étrangers ; cette tolérance fut d'apathie et de prudence plus que d'amitié et d'intérêt. (1)

---

(1) Le ministre des affaires étrangères (*Reïs*

Il n'y a donc eu aucune prédilection, aucun attachement particulier de la part du gouvernement ottoman pour les Français. N'y a-t-il pas eu, au contraire, une ingratitude et une malveillance qui auraient provoqué des hostilités, si la République française, fidelle au plan qu'elle s'est tracé, n'eût mieux aimé dissimuler ses griefs que de rompre avec un ancien allié ?

Mais, dira-t-on, l'expédition d'Egypte est un acte d'hostilité ; et si l'on ne voulait pas qu'il fût regardé comme tel, il fallait en prévenir la Porte et agir de concert avec elle. Je vais répondre à cette objection, en prouvant d'abord que ce n'est point un acte d'hostilité, et en second lieu, qu'en supposant, ce que je ne puis ni ne dois examiner, que le gouvernement français n'ait pas cru devoir faire part de ses plans au divan, d'excellentes raisons peuvent avoir motivé cette discrétion qui, dans tous les cas, ne peut changer la nature d'une opération utile par elle-même aux Turcs.

Effendi) répondit aux ambassadeurs étrangers qui se plaignaient des trois couleurs françaises : *Portez-en six*.

Lorsqu'on avait demandé à la Porte la cessation des vexations qu'éprouvait notre commerce en Egypte, la réparation des insultes faites à notre pavillon, des avanies qu'y avaient essuyé nos négocians, elle avait, comme je l'ai dit, toujours répondu que les beys étaient en révolte presque ouverte ; qu'ils n'attendaient qu'un prétexte pour éclater ; qu'elle n'avait aucuns moyens coërcitifs contre eux. Même réponse pour les pachas de Syrie, et particulièrement pour Dgézar-Pacha.

Qui pourrait maintenant soutenir de bonne foi, que l'expédition d'Egypte ait été un acte d'hostilité contre la Porte ottomane ? Lorsque, il y a quelques années, la flotte turque entière tremblait devant le flibustier Lambro, la frégate française, qui le vainquit seule au milieu d'un port de l'Archipel, viola-t-elle le territoire ottoman ? Le capitan-pacha ne se crut-il pas délivré d'un cruel danger ? Ne fit-il pas des présens au capitaine et à l'équipage ? Le divan prétendit-il alors qu'on avait violé le territoire ottoman ? Affirma-t-il que le grand seigneur était bon pour venger ses injures ?

Notre descente dans une contrée où l'autorité du grand seigneur était méconnue, où son pacha était depuis long-temps dans une prison perpétuelle, dans une contrée que nous n'avions alors aucun intérêt de garder, et qu'il nous suffisait de remettre entre les mains d'une puissance vraiment amie, et pour laquelle l'identité de mœurs, de religion et presque de langage était un moyen facile de conservation, pouvait-elle être regardée comme un acte d'hostilité ?

Mais, dira-t-on, puisque cette opération n'était pas dirigée contre la Porte, il fallait agir de concert avec elle. Cette objection ne peut être faite par ceux qui connaissent l'organisation du gouvernement ottoman ; le double rouage de puissance qu'il renferme est au moins composé d'autant de Russes que de Musulmans. Les membres du divan et du conseil secret, sur lesquels on peut compter, sont en très-petit nombre, et il n'a pas fallu les circonstances actuelles pour faire distinguer dans les gouvernans deux classes ; l'une, faible en nombre et en moyens, et c'est celle attachée à sa patrie ; l'autre, active, remuante, j'ai presque dit instruite, et c'est celle qui appelle la domination russe de tous ses vœux et de tous ses moyens (1). Soumettre nos plans à la Porte, c'eût été les livrer au cabinet russe, et par conséquent à l'Angleterre.

S'il en fallait des preuves encore plus sensibles, je demanderais à la Turquie ce qu'elle a fait pour empêcher le succès des plans bien connus de la Russie et de l'Angleterre. L'Europe savait, et le divan ne pouvait ignorer que les Anglais, maîtres du cap de Bonne-Espérance, devaient diriger tous leurs efforts vers Suez pour faire exclusivement le commerce de l'Inde et de la Perse. Les fréquens voyages des agens du gouvernement anglais ont dû convaincre la Porte qu'on préparait à une partie de ses provinces le sort qu'éprouvent maintenant les nababies du golfe Persique, entre

______

(1) Un triumvirat s'était formé depuis quelques années. Deux des triumvirs, Tchelibé-Effendi et le Kiaia-bey de la Validé-Sultane, étaient évidemment vendus à la Russie, se paraient des présens de la Czarine, qu'ils appelaient par reconnaissance leur souveraine. Le troisième, Rachid-Effendi, l'homme le moins ignorant de l'empire ottoman, vient de mourir; il était assez indifférent sur la forme de gouvernement, pourvu qu'il y eût quelque part.

les mains des Anglais. Les vues de la Russie et de l'Angleterre sur l'île de Malte s'étaient manifestées par plusieurs démarches de ces puissances, avant d'être prouvées par le titre de grand maître de Malte, que vient de s'accorder si plaisamment, Paul premier. (1)

Si les plus cruels ennemis des Turcs n'eussent pas été dans leur sein, n'eussent-ils pas senti qu'il leur importait de déconcerter ces vues, de faire échouer ces plans? N'eussent-ils pas fait, de bonne foi, cause commune avec une puissance victorieuse dont ils n'avaient qu'à se louer, dont les intérêts n'étaient pas contraires aux leurs? Au lieu de cela, après avoir répondu à nos bienfaits par leur indifférence, ils répondent à nos

----

(1) J'ai eu occasion de me convaincre dans mon voyage, que les Anglais pensaient à exécuter prochainement ce plan : j'en ai entendu les développemens de la bouche d'un agent du gouvernement anglais, qui me croyait émigré. J'en ai appris les détails d'un des chefs de l'ordre de Malte, qui, après m'avoir fait, à Malte même, sa profession de foi contre la révolution, me dit : *Je n'en suis pas moins Français, et je vois avec chagrin que le grand-maître* (Rohan) *touche à sa fin, et que l'île sera anglaise le lendemain de sa mort.*

efforts pour empêcher le démembrement de leur empire, par une déclaration de guerre. Les Turcs ont donc été pour nous, je viens de le prouver, un allié inutile. Seront-ils un ennemi redoutable ?

§. II. *La Turquie sera-t-elle pour nous une ennemie dangereuse?*

J'apportai en Turquie l'idée de la puissance ottomane que doit faire naître l'immense étendue de ce vaste empire ; je crus trouver non un état civilisé, mais un corps sain, robuste, bien constitué, avide d'instruction et disposé à en profiter. Je ne pouvais croire la Grèce et l'Egypte absolument condamnés à la barbarie. Je me figurais les Turcs comme ces chevaux indomptés qui n'attendent que la main d'un écuyer habile ; il ne faudra, me dis-je, que frapper cette terre, la mère dès sciences et des arts, pour les faire renaître. Les débris épars des temples de Mars et de Minerve vont se replacer d'eux-mêmes.

Ces brillantes espérances, ces douces illusions ont bientôt cédé à la certitude que le gouvernement ottoman, fondé sur l'ignorance,

rance, et la vénalité ne pouvait commander qu'à des barbares et à des fanatiques.

Certes, la France pourrait craindre la guerre avec la Turquie, si cette puissance avait profité de ce que nous avons voulu faire pour l'aguerrir. Si, depuis trente ans, l'or des Russes n'avait paralysé nos efforts, cette puissance serait maintenant sur un pied respectable ; elle aurait des places fortes, une artillerie bien montée et bien servie, des marins instruits et une marine redoutable, des officiers tacticiens, des troupes disciplinées, des matelots formés, des artistes habiles, des artisans adroits ; enfin, tous les genres d'instruction, tous les moyens de défense, qui constituent une nation civilisée.

Que leur reste-t-il de tous nos efforts ? Ils ont dégoûté par leur ignorance, leurs préjugés, leur indolence et leur orgueil, tous ceux qui ont été chargés de hâter leurs progrès. Ils ont renvoyé ceux que leur inaptitude n'avait pas lassés. Combien de fois le fanatisme n'est-il pas venu paralyser les instructions ? Les figures de mathématiques ont été regardées comme des sortilèges des chrétiens pour perdre Constantinople. Le

B

baron de Tott a manqué d'être massacré par le peuple, pour avoir fait des écouvillons de canons avec du poil de cochon. Les cartes géographiques que Cauffer avait fait dresser avec les noms en caractères turcs ont été rejetées comme ne donnant pas assez d'étendue à l'empire ottoman.

Je pourrais citer mille autres faits qui tous prouveraient leur profonde ignorance et leur extrême superstition ; mais ils n'étaient ni moins superstitieux, ni plus instruits, lorsqu'ils ont fait la conquête d'une partie de l'Europe. Jetons un coup-d'œil rapide, mais exact, sur leurs forces militaires.

Artillerie. Un corps avait été exercé par deux chefs de bataillon d'artillerie envoyés par la France, bien composé, bien caserné, passablement gouverné. Ce corps semblait répondre aux soins pris pour son instruction. Sultan Selim, peu après son avénement, s'était lui-même formé à l'art du canonnier et était devenu un assez bon artilleur. *Regis ad exemplar*, environ six cents hommes forts et robustes composaient un corps passable d'artillerie ; de nouveaux sujets se formaient lorsque, sous prétexte d'é-

viter la dépense, on a engagé le grand seigneur à ne plus assister aux exercices et à
s'en rapporter à ceux mêmes qui avaient intérêt de n'être pas surveillés. On a ensuite
détourné une partie des sommes destinées
aux topgis, (canonniers) on n'a pas rem-
placé ceux qui sont morts de peste ; et ce
nombre a été considérable dans les trois dernières années. On a aussi permis à ces topgis,
pour diminuer leur solde, de faire différens
métiers, et presque tous sont bateliers, état
qui, à raison de la position de Constantinople, est très-lucratif et occupe beaucoup.
On a enfin remercié les instructeurs avant
d'avoir des hommes capables de les rem-
placer. Ce corps est donc maintenant très-
peu nombreux. Il est tout placé dans la
même caserne, et peut être entièrement dé-
truit en une saison par la peste, sans compter qu'en temps de guerre beaucoup de ces
canonniers, qui ont d'autres états, trouve-
ront des moyens de ne pas marcher ou de
déserter. Je pourrais ajouter encore que ces
hommes peu aguerris, et accoutumés à ne
combattre avec vigueur qu'au premier choc,
ne sont jamais bons artilleurs ; ils aban-
donnent facilement un service qui ne four-

nit point d'aliment à leur férocité, et qui leur laisse un sang-froid avec lequel le Turc n'est jamais courageux. Je ne fais qu'indiquer cette idée, qui est assez prouvée par tout ce que disent les voyageurs sur l'espèce de courage qui conduit les Turcs au combat. Ainsi, une faible artillerie, pas assez instruite, et sur laquelle on ne peut guère compter.

Cavalerie. La cavalerie turque conserve encore une assez grande réputation : voyons si elle la mérite. Les spahis, leur meilleur corps, n'a point été renouvelé, et l'on peut dire qu'il n'existe plus. Je conviens que les Turcs sont tous assez bons cavaliers, que leurs chevaux sont excellens, et qu'il est possible de lever en peu de temps d'assez bons hussards ; mais il n'en est pas de même des corps de cavalerie régulière. Leurs timariots ne sont qu'une espèce de *ban* qui arrive à regret, combat sans ordre et fuit avec empressement. Cette arme est d'ailleurs dangereuse parmi les Turcs ; elle favorise leur disposition à prendre la fuite ; elle occupe les fantassins à chercher un cheval dont ils puissent s'emparer, et il arrive très-souvent que le cavalier est tué par un fantassin des siens, qui s'empare du cheval et fuit à toute bride. Donc peu de cavalerie, et d'un usage dangereux.

Infanterie. Il existe en Turquie deux espèces d'infanterie, celle d'ancienne et celle de nouvelle formation. L'ancienne infanterie consiste dans les janissaires, les bostangis, les gardes des forteresses et des gouverneurs de provinces. Les janissaires, établis et exerçant des métiers à Constantinople et dans les autres villes, n'ont jamais été exercés ni disciplinés; et cette milice, la plus nombreuse de l'empire ottoman, n'en mérite le nom que parce qu'elle est enrégimentée. Les bostangis ou gardes des jardins sont au nombre de douze mille. C'est de ce corps que l'on a tiré la nouvelle troupe que l'on a voulu exercer à l'européenne. Le reste, chargé par son institution de la garde des différens sérails, est plus propre aux soins de la domesticité qu'aux travaux de la guerre. Les gardes des forteresses, les hommes que les pachas et les agas sont obligés de fournir, en proportion de l'étendue de leurs gouvernemens, sont des hommes mariés encore plus ignorans que les janissaires, qui n'arrivent que dans l'es-

poir du butin, et qui fuient au premier re-
vers. Telles sont les troupes d'ancienne
formation. D'après des données assez cer-
taines, je crois qu'il ne serait pas impossible
de rassembler cent mille hommes de ces
troupes ; mais dans ce nombre il n'y aurait
pas un seul soldat.

Les troupes nouvellement formées, pri-
ses, comme je viens de le dire, parmi les
bostangis, ont été casernées à une lieue de
Constantinople ; on s'était proposé d'y en-
tretenir continuellement trois mille hommes
qui devaient être renouvelés par portions à
mesure qu'ils seraient instruits. Mais ces
hommes privés à Lévinds-chifflick de leurs
femmes, de leurs enfans, pouvant déserter
dans un pays où il n'y a point de gardes,
où les passe-ports sont inconnus, où l'on
mène encore presque la vie des peuples no-
mades ; ces hommes, dis-je, désertent im-
punément et en grand nombre, et les chefs,
intéressés à n'avoir pas le complet, tolèrent
et ferment les yeux sur cet abus. Ajoutez encore le tribut de la peste, et vous ne serez pas
étonné qu'il n'y ait jamais eu 600 hommes
instruits. Ce corps étant mieux payé que les
janissaires, est l'objet de leur haine, et, dans

une guerre, serait la première victime de leur fureur. Au reste, ces hommes, une fois sortis de la caserne, sont perdus pour l'état auquel ils ont beaucoup coûté; ils ne s'astreindraient pas à faire la guerre à l'européenne, ce qui ne leur donnerait aucuns moyens de piller.

Je n'ai point encore parlé des hommes les plus robustes, les plus industrieux, les plus courageux de l'empire ottoman. Je veux parler des Moriotes, des Bochenaques, et de tous les peuples de l'ancienne Grèce. Ils sont tous, j'en conviens, braves, sobres, robustes et accoutumés à la fatigue. Mais outre que beaucoup d'entre eux sont matelots, que beaucoup ont péri dans la guerre de Passevan-Oglow, que ce qui reste est absolument nécessaire à l'agriculture et à la sûreté intérieure, cette nation semble se souvenir qu'elle était faite pour commander dans le plus beau pays du monde ; et tous, même ceux qui ont embrassé la religion mahométane, sont encore grands par habitude, fiers par souvenir, et ennemis des Turcs par éducation.

J'aurais pu grossir la liste des troupes ottomanes, parler des *Metergis*, des *Mes-*

sirlis, des *Gégébis*, des *Serradgis*, des *Mi-cladgis*, des *Segbans*, j'aurais enflé la liste, j'aurais paru savant. Mais comme ces troupes ne sont même en Turquie presque connues que de nom, et que je n'écris pas pour faire un livre, mais pour donner quelques idées exactes et utiles, je crois devoir n'en pas parler. (1)

Forces maritimes. Les forces maritimes de l'empire ottoman sont encore plus aisées à apprécier que celles de terre. Six vaisseaux de ligne, quelques frégates, caravelts ou corvettes, en tout 14 ou 15 voiles, composaient la flotte ottomane à mon départ de Constantinople; et quoiqu'il y eût sur les chantiers vingt-deux bâtimens de guerre, la connoissance que j'ai des arsenaux ottomans me fait assurer avec certitude que la majeure partie y sera encore long-temps; trois ou quatre, tant vaisseaux que corvettes, ont été seulement lancés à la mer depuis trois

---

(1) J'ai eu occasion de voir les manuscrits des mémoires du prince de Ligne, qui, je crois, ont été imprimés depuis en Allemagne; ils donnaient une idée encore plus défavorable de la puissance militaire des Turcs, et de leur manière de faire la guerre.

ans. En admettant donc qu'ils puissent mettre dix-huit voiles de guerre en mer, la majeure partie se trouvera être d'ancienne construction, lourde, mal mâtée, beaucoup trop
légère en bois, plus dangereuse enfin pour
ceux qui les montent que pour leurs ennemis. Le reste de construction nouvelle est,
il est vrai, comparable aux meilleurs vaisseaux d'Europe, peut-être même supé-
rieur (1). Mais par qui les uns et les autres
sont-ils commandés? Par un amiral qui demande si la république de Venise a des ports
sur l'Océan, par des capitaines qui ne sa-
vent pas prendre hauteur. Quels sont leurs
matelots? Des Turcs fatalistes et mal-adroits,
qui attendent l'ennemi en prenant du café ;
des Grecs robustes et exercés ; mais qui ai-
ment ceux qu'ils combattent, et détestent
ceux qu'ils servent ; des barbaresques, cor-
saires par habitude et par intérêt, et qui sou-

---

(1) L'avant-dernier vaisseau lancé à la mer était
devenu le boudoir du capitan-pacha. Il avait fait
dorer les canons, peindre les batteries, décorer la
chambre dans le meilleur goût. Enfin, l'on croyait
être au petit Trianon. Peut-être cette dépense eût-
elle été mieux employée à construire un second
vaisseau.

pirent après le moment où il recommence-
ront la course. (1)

Je ne citerai pas à l'appui de ce que je
viens de dire de la marine ottomane, les résultats des dernières guerres avec les Russes ;
les choses pourraient avoir changé de face
depuis. Mais les tournées du capitan-pacha
dans l'Archipel, et la manière d'attaquer les
Maltais, sont des preuves suffisantes de leur

---

(1) On voit que les seuls vaisseaux utiles sont ceux
de nouvelle construction ; ils sont tous du citoyen
Brun, ingénieur envoyé par la République française. Ce citoyen doit être dans une position bien pé-
nible, si, comme je le crois, il aime sa patrie. J'ai
frémi en lisant dans les journaux cet article qui
prouve également l'ingratitude et la férocité du gouvernement ottoman.

Constantinople. « Cinq cents Français ont été con-
duits à la Porte, enchaînés, et portant eux-mêmes
les têtes de ceux de leurs compagnons qui n'ont pu
les suivre ou qui sont morts de froid en route. On a
lancé à la mer un vaisseau de 80 canons et une frégate de la construction de Brun, ingénieur français. »

Quel contraste avec la conduite de notre gouvernement, qui, n'ayant jamais rien reçu du gouvernement ottoman, n'en laisse pas moins Seid-
Ali-Effendi libre et paisible habitant du ci-devant
hôtel Monaco !

faiblesse, de leur timidité et de leur mal-
adresse (1). Je pourrais en citer de leur mal-
adresse, et les anecdotes ne me manque-
raient pas ; mais je fais ici une esquisse et
non un tableau ; je crois avoir donné une
idée de ce que l'on peut craindre de la marine ottomane, et cela suffit à mon plan.

Places fortes. En vérité, j'ai regret d'a-
voir prononcé ce mot, et je suis obligé,
pour remplir cet article, de parler des forteresses des Dardanelles, de la mer Noire et
des frontières russes. Tout cela ne mérite
pas qu'on en parle en détail, et je vais les
peindre toutes d'un coup de pinceau. D'antiques murailles sans portes, des embrâ-

---

(2) Le capitan-pacha, vrai Musulman et ennemi
des Russes, convenait de bonne foi qu'il fallait prendre plus de confiance à son zèle qu'à ses talens. Il ra-
contait, sans difficulté, qu'esclave géorgien, élevé
au sérail et cafedgi (cafetier) du sultan jusqu'à 3o
ans, il n'avait pu acquérir les connaissances qu'exige
le poste de grand-amiral. Au surplus il était avide
de connaissances, ami de son pays ; je l'ai entendu
assurer que, s'il mourait avant d'avoir vu une flotte
combinée française et turque vaincre les Russes dans
la mer noire, il mourrait les yeux ouverts pour le
voir après sa mort.

sures sans canons, des gardes sans armes, sans munitions, des gouverneurs sans ins-truction (1), des canons d'un calibre dispro-portionné, que l'on ne peut charger qu'une fois et avec un boulet de pierre ; telles sont toutes les places fortes de la Turquie. Si un motif particulier engage à en réparer quel-qu'une, la Porte nomme un agent qui va pressurer les villages voisins, fait blanchir la forteresse avec un lait de chaud, comme un colombier, et revient à Constantinople partager avec les ministres l'argent qu'il a gagné. Les Dardanelles, les premières, les plus importantes forteresses de l'empire ottoman, sont dans un tel état de dénue-ment, que le baron de Tott fut obligé de faire échouer deux frégates sous les batte-ries pour défendre le passage aux Russes. Les Dardanelles n'ont pas été réparées de-puis. Des détails particuliers sur chaque

____

(1) Le pacha des Dardanelles était un vrai philo-sophe. « La faveur du sultan dont je rasais la tête, me dit-il, m'a élevé au poste que j'occupe. Sa fa-veur peut me manquer ; et, pour ne pas perdre l'habitude de mon premier état, je rase moi-même mes domestiques. »

bastion seraient également inutiles et ennuyeux. Après les avoir tous parcourus, on finit par dire : Il n'y a point de forteresse en Turquie.

Finances. Les ressources financières de l'empire ottoman sont aussi peu solides que ses moyens de guerre. Le trésor public se forme de quatre élémens, des impôts indirects ou douanes, des capitations des peuples vaincus ou karatchs, des avanies et confiscations, et des ventes d'emplois et héritages. Une perception inégale et vicieuse, des anticipations ruineuses, des fonds mal affectés, des emprunts mal calculés, des rentrées incertaines, des révoltes de tributaires, des prodigalités de fantaisie, des infidélités sans nombre ; telles sont les causes de l'épuisement habituel des coffres du grand-seigneur.

Nul impôt territorial dans un pays où il n'y a aucune propriété ; nul impôt mobilier dans un pays où les gouvernans seuls sont riches ; nulle rentrée certaine dans un pays où tous les efforts tendent à cacher sa fortune ; nulle dépense calculée dans un pays où le caprice seul tient la clef du trésor public.

Les Arméniens sont presque les seuls en
Turquie qui se mêlent de finances ; et voici
l'opération qu'ils font toujours avec le gouvernement : Ils achètent des ministres, le
privilège de fournir à telle ou telle dépense,
moyennant une délégation sur un ou plusieurs comptables auxquels il faut encore un
pot-de-vin pour se dessaisir de leurs fonds.
On voit que cette opération se réduit à avoir
trouvé un moyen, ruineux pour l'état, de
détourner une partie du trésor public au
profit des hommes en place.

Le grand-seigneur a son trésor particu-
culier ; un droit sur les mosquées, et quelques autres l'alimentent ; mais il est encore
plus vîte asséché par les caprices des sul-
tanes, des favoris et de tous ceux qui n'ou-
blient leur esclavage qu'en portant des chaî-
nes d'or.

Arts et métiers. Il serait plus aisé de
compter les arts que les Turcs connaissent,
que ceux qu'ils ignorent. Tous ceux qui
tiennent à la guerre sont encore dans l'enfance. Poudre de très - mauvaise qualité,
boulets de pierre, point de fonderie pour
les bombes, ou très-récemment établie par
les Français ; mauvaises batteries de fusil ;

point encore d'autres caissons et affuts que ceux faits par les Français. Enfin, si vous exceptez quelques étoffes, soie et coton, quelques maroquins et d'assez bonnes armes blanches, vous ne trouverez en Turquie aucun art, je ne dis pas perfectionné, mais même ébauché.

Je ne prolongerai pas ces détails plus loin. L'habitude de regarder les Turcs comme amis, l'intérêt que le gouvernement français a pris à leur civilisation, l'objet de ma mission qui devait tendre à ce but; tout m'a fait prendre des renseignemens par intérêt pour cette puissance et dans l'espoir de contribuer à l'empêcher de courir à sa perte. On s'étonnera peut-être qu'ils soient aussi différens de ceux donnés par les gazettes des années dernières. Cet étonnement cesse en considérant que ces éloges étaient des encouragemens; que souvent on parlait de leurs progrès militaires pour leur en faire naître l'idée, pour en donner la crainte à leurs ennemis. Tels furent, sans doute, les motifs d'Eschasseriaux aîné quand, dans ses réflexions sur les conditions de paix proposées par l'Angleterre, il dit : « La Porte-Ottomane

« sortant enfin de l'enfance de cette poli-
« tique incertaine et flottante, où l'ont
« tenue les conseils et l'or des cours étran-
« gères, et dirigée maintenant par ses véri-
« tables intérêts, par l'art d'une tactique
« perfectionnée, prête à offrir le spectacle
« imposant d'une nation qui sait soutenir
« sa dignité, et se venger des longues in-
« jures de son ennemi naturel, sa juste
« vengeance opérant enfin, en notre fa-
« veur, une heureuse diversion, etc. »

Ce paragraphe, que je lus avec étonnement à mon retour de Constantinople, me
parut tenir aussi à une cause dont il n'est
pas inutile de dire un mot, parce qu'il peut
servir à mettre les agens diplomatiques en
garde contre l'exagération. Un ambassadeur
chargé de suivre et de hâter les progrès
des gouvernemens près desquels il est placé,
prend trop souvent les plus légers efforts
pour un succès rapide; la plus simple démarche paraît à ses yeux d'une grande im-
portance; si le capitan-pacha donne, comme
un enfant, l'ordre de construire beaucoup
de vaisseaux, sans considérer qu'il n'a ni
matelots ni officiers, la première flotte de
l'univers va assurer aux Turcs l'empire de

la mer. Si l'on blanchit les forteresses qui
attestent plutôt la ruine que la puissance
de l'empire ottoman, on met les places sur
un pied respectable ; si l'on bâtit une caserne, c'est une armée qui s'exerce à l'européenne et qui est prête à entrer en cam-
pagne : tout enfin prend la couleur de ses
desirs ; il ne peut cesser de voir et de
peindre le Levant comme un pays neuf,
qui ne demande qu'à être civilisé, comme
une terre prête à recevoir la culture. Heu-
reux, si son imagination séduite ne trompe
que les ennemis, et si ses exagérations
n'entraînent pas le gouvernement dans quelque fausse démarche. (1)

Je crois avoir suffisamment démontré
que les Turcs ne sont ni civilisés ni aguerris :
tant d'obstacles s'opposent à leurs progrès
qu'on doit les regarder comme impossibles.
Tout rend pour eux le moment présent le
seul important ; leur apathie, leur opinion
sur la prédestination, la vénalité de leurs
emplois, l'instabilité que répand sur toute

---

(1) Je ne crains pas de dire que la pompe qui
a environné l'ambassade d'Aubert-Dubayet, ve-
nait de cette erreur dans laquelle on avait en-
traîné le gouvernement.

C

leur vie leur gouvernement despotique et changeant. Avec ces motifs de préférer le bonheur et les jouissances du moment aux plus grands avantages pour l'avenir, il est impossible d'espérer des établissemens solides, des réformes importantes, des défrichemens de terres, des préparatifs militaires, et tout ce qui peut rendre une nation florissante en paix et triomphante en guerre.

En résumé, un gouvernement qui s'étend dans trois parties du monde, qui réunit vingt états autrefois florissans, forme maintenant un empire chancelant, qui peut à peine mettre quelques vaisseaux à la mer, qui n'a pas trois mille hommes de troupes réglées. Dix nations différentes, qui toutes se réunissent pour détester leurs oppresseurs; plusieurs religions; diverses langues; par-tout des divergences ; nulle part des moyens de réunion, telle est la topographie politique de l'empire ottoman.

C'est cet empire qui semble prêt à tomber par son propre poids, qui se livre aujourd'hui à ses plus cruels ennemis, à ceux dont les efforts constans ont hâté et préparé sa ruine. Peut-il ignorer que le partage est déjà fait entre l'Angleterre et la Russie ? Ne sait-il pas que tous les pas des agens de ces puissances ont été dirigés vers ce but ? N'a-t-il pas été mille fois trompé par les fausses démonstrations de ces perfides alliés ? (1)

Quant à nous, nous perdons une amie qui ne nous eût jamais donné la compensation de nos sacrifices pour elle. Nous gagnons réellement ce qu'il nous en eût coûté pour la soutenir, je dirai presque malgré elle, et très-probablement sans succès ; nous gagnons une colonie, dont les avantages sont incalculables, par le voisinage des Indes ; nous gagnons de pouvoir tendre la main à tous les peuples de ces contrées, qui soupirent après la liberté.

---

(1) Les événemens vont se succéder avec une telle rapidité, qu'il est impossible de les prévoir. Quels qu'ils soient, ils ne peuvent contrarier ce que je viens de dire. Je n'ai annoncé que des faits, je me suis abstenu de tout détail douteux, de toute assertion hasardée ; j'ai préféré passer beaucoup de choses sous silence, que de m'exposer au reproche de trahir l'ancienne confiance des Turcs ; je n'ai dit que ce que j'ai cru nécessaire pour rassurer la crainte et imposer silence à la malveillance.

Pologne, digne d'un meilleur sort ! Grèce, qui n'as pas encore oublié tes antiques destinées, la Turquie d'Europe peut encore devenir pour vous la terre hospitalière des arts et de la liberté. La Morée peut redevenir l'Attique ; Istambol peut redevenir Byzance ; la nature a tout fait pour ces contrées ; elles sont les plus belles du Monde ; Constantinople semble la métropole de l'Univers ; les arts repoussent encore la main du temps qui veut couvrir leur tombeau ; la terre appelle tous les ans l'agriculture par des présens qu'elle voudrait décupler ; les hommes forts, robustes, sobres et intelligens , semblent attendre qu'un nouveau Prométhée vienne encore les animer par le génie des arts et de la liberté.

Mânes de Thémistocle , d'Epaminondas , de Périclès , vous n'aurez pas en vain crié depuis tant de siècles :

Exoriare aliquis nostris ex ossibus ultor.

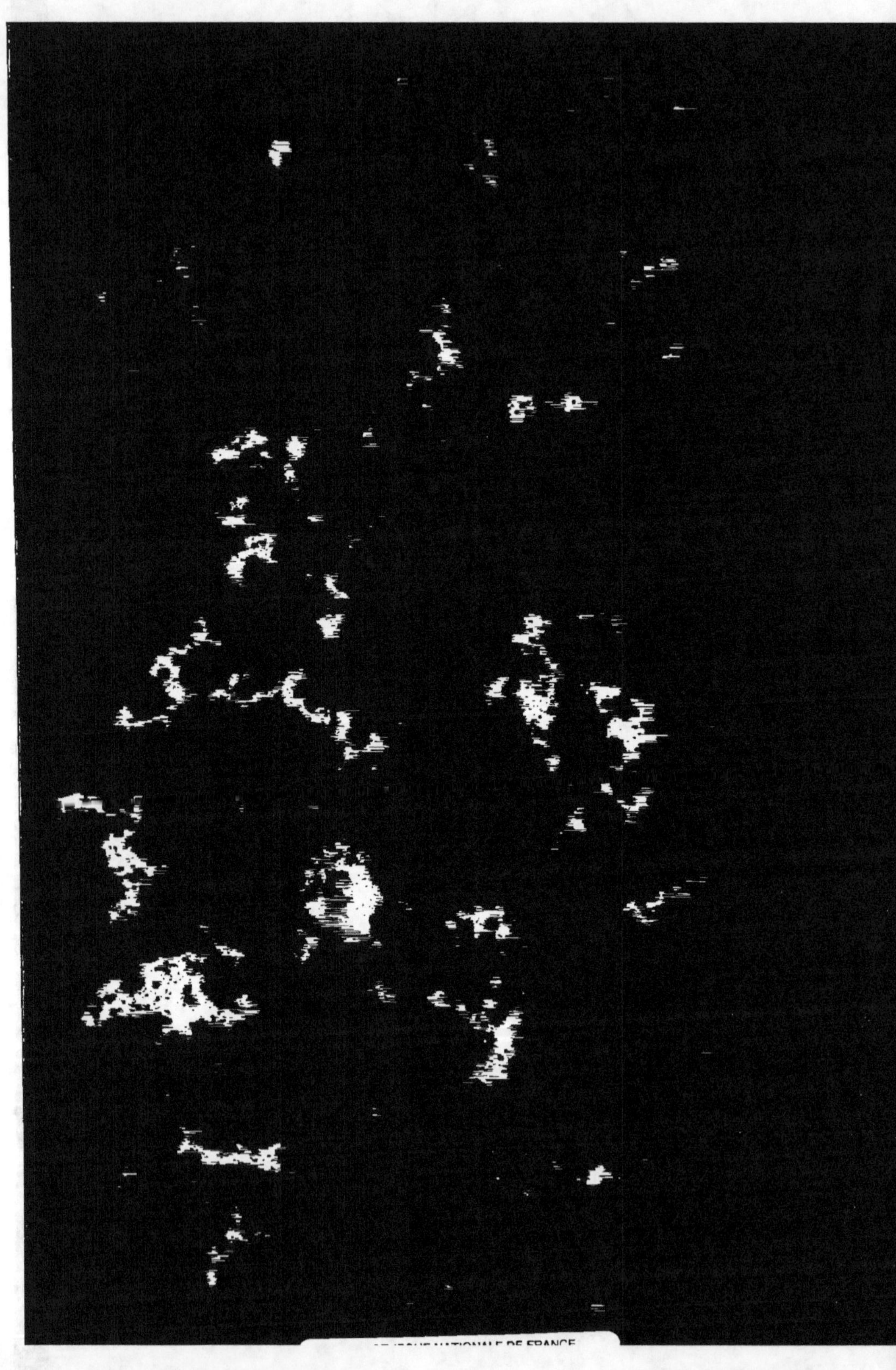